बार बार यायावर

(कविता संग्रह)

बार बार यायावर

विनोद खेतान

प्रकाशन संस्थान
नयी दिल्ली-110002

प्रकाशक
प्रकाशन संस्थान
4268-B/3, अंसारी रोड, दरियागंज
नयी दिल्ली-110 002

मूल्य : 150.00 रुपये
प्रथम संस्करण : सन् 2001
द्वितीय संस्करण : सन् 2010
ISBN : 81-7714-010-8
आवरण : जगमोहन सिंह रावत

शब्द-संयोजन : कम्प्यूटेक सिस्टम, दिल्ली-110032
मुद्रक : बी.के. ऑफसेट, दिल्ली-110094

दयालु प्रभु को
(जाकी कृपा पंगु गिरि लंघे)
तथा
माँ-बाबूजी को
(जिन्होंने लक्ष्मी की कुदृष्टि को कभी
सरस्वती की साधना में आड़े नहीं आने दिया)

प्राक्कथन

कविताओं के माध्यम से सीधे-सपाट भाव और संश्लिष्ट संवेदनाएँ—दोनों का संप्रेषण संभव है। शायद इसीलिए कविता जीवन की सहयात्री है, चाहे वह लिखी न जाए तो भी। जो लिखी गयीं, उनका संग्रह कर उन्हें क्रमबद्ध कर एक भाव-भूमि (या अनेक भाव-मंडल !) का बनना संभव है। 'बार बार यायावर' मेरी पहली ऐसी कोशिश है। अलबत्ता, इस संग्रह की कविताएँ पिछले बीस-पच्चीस सालों में लिखी गयी कविताओं में से हैं। कुछ कविताओं में संदर्भ अगर पुराने भी पड़ गए हों तो भी उनमें कुछ ऐसा लगा जो शायद अस्थायी नहीं। अपने कॉलेज के दिनों में मित्रों को अक्सर कहा करता था—मनुष्य अपनी संज्ञाओं द्वारा प्रताड़ित है। आज भी मुझे यह बात उतनी ही मौजूँ लगती है। इसीलिए ये प्रताड़ना अलग-अलग कालखंडों में बँटी होकर भी कहीं न कहीं किसी एक सूत्र से जुड़ी हैं। और एक संग्रह में होने के बावजूद ये कविताएँ अपने आप में स्वतंत्र भी हैं।

मेरे साथ यह सुविधा है कि आलोचकों का आतंक मुझपर नहीं, क्योंकि सौभाग्यवश मैं साहित्य के किसी खेमे का कोई नामी हस्ताक्षर नहीं। वैसे भी आखिरी फैसला तो पाठकों के हाथों ही होना है।

यदि मैं कविताएँ न लिखता तो शायद खुद के साथ अन्याय करता। इसीलिए पढ़ना और लिखना अपने आपको स्वस्थ रखने की अनियमित कोशिश है। नियमित होता तो या तो कोई पत्रिका या अखबार निकाल रहा होता या फिर कहीं कलमघिसाई की नौकरी कर रहा होता।

घर में मेरे तीनों भाइयों में भी साहित्य का व्यसन कमोबेश रहा है। अनुज चित्तरंजन तो बाकायदा हिन्दी साहित्य के छात्र तथा शोधार्थी रहे। वे भी छिटपुट कविताएँ लिखते रहे हैं। मुझे एक वाकया याद है—इन्दौर की एक कविगोष्ठी में गीतकार नईम ने इस जानकारी पर बरबस कहा था—कुएँ में ही भाँग पड़ी है। कई मित्रों ने कविताएँ सुनकर हौसला भी बढ़ाया है और खिंचाई भी की है। दोनों स्थितियाँ मेरे कवि को उत्साही या जिद्दी बनाती रही हैं। अपने भाइयों का तथा मित्रों का आभारी हूँ।

शम्पा कई कविताओं की पहली श्रोता रही हैं। पत्नी होने के बावजूद इस एक श्रोता की निष्ठा में कोई ऊब नहीं दिखायी देती तो शायद उसे मेरी कविताएँ सचमुच पसन्द हैं। यह खुशफहमी पूरी उम्र पाले रखना चाहता हूँ।

और आखिर में शब्दों के बारे में। शब्दों में एक जादू है—इस जादूगरी पर बचपन से मुग्ध होता रहा हूँ। संभवतः इसीलिए आज भी कोई अच्छी रचना पढ़कर उसके नशे में दो-चार दिन गुजार सकता हूँ। और कुछ लिखकर तो...। तराशे हुए शब्द और उनके अर्थ जब तक आलोड़ित करते रहेंगे, शब्दों की कौंध/उनकी ध्वनि/उनकी गूँज जब तक उद्वेलित करती रहेंगी—कवि होते रहेंगे। नाम बदलते रहेंगे। कविता बनी रहेगी। इस सतत, अजस्र, अनन्त, अगम्य, अबूझ धारा में कुछ बूँदें इस यायावर की भी।

दिल्ली
2000

—विनोद खेतान

अनुक्रम

साक्षात्कार 13
रोशनी का संविधान 15
जंगल की तारीख 17
अतीत से आगे 19
हादसे से गुजरकर 20
आकाश झुकेगा 21
समय सीमान्त 22
भयाक्रान्त 24
कौन सी परिभाषा ? 25
अपनी सरहद में 26
युधिष्ठिर-यात्रा पर वह 28
अशोक के नाम 30
दरअसल 31
अनास्था 33
समय और सितार 34
हिन्दुस्तानी अंग्रेजो, भारत छोड़ो ! 36
अहंकार 38
अन्धे हाथ 39
दुर्गन्ध की भाषा 40
...यद्यपि 41
कैद इषण्या 42
नपुंसक तटस्थता 43

भीड़ का आदमी 44
इतिहास बनाने के क्रम में 46
समझौता-एक अंतहीन कविता 47
मोहभंग 48
बदलाव ? 50
बीमार फसल 52
गुमशुदा 54
आत्महंता-1 56
आत्महंता-2 57
आत्म-संवाद का व्याकरण 58
बिना शीर्षक 59
हताशा-1 60
हताशा-2 61
मौन से संवाद 62
दादी की मौत से ठिठकी कविता 63
माँ 64
वयस 65
आखिरी कविता के पहले 66
रोशनी के नाम एक नज्म 68
उत्सव-यात्रा 69
समन्दर 71
अजनबी रास्तों में 72
प्रेरणा 73
मौसम के बहाने 74
इन्तजार 76
सुब्रतो-1 78
सुब्रतो-2 79
सुब्रतोनुमा कन्धे पर एक उदास कविता 80
नए साल की आमद पर 81
सहयात्रा 82
ख्वाब डूबते हुए 83
दरख्त और वह छोटी चिड़िया 84

सपने 86
दिन तो गुजरेंगे ही 87
मुश्किलें 89
मैं हरसिंगार 90
लोग डरते हैं 91
बार बार यायावर 93
वसन्त पहली बार 95
दावानल 96
विश्वास 97
तुम्हारे नाम 98
दोस्तों के नाम 99
तीन अक्स 101
सहमी हवाएँ 102
संज्ञाशून्य यायावर 103
रंग बोध 104
पीपल को सादर ! 106
यों ही कुछ 108
पीला गुलाब 109
संज्ञातीत 110
एक पुल थरथराता हुआ 111
उदासी-1 113
उदासी-2 115
थमना कविता का 117
जरूरतें 118

साक्षात्कार

और उस दिन अचानक
छत खुली मिल गयी
और मेरी आँखें भी
फुरसत में थीं।

दरअसल
आँखों ने मना कर दिया था
वह सब कुछ देखने से
जो फाइलों/किताबों/लोगों/दुविधाओं/दुश्चिन्ताओं
के साथ
शहर के जंगल में
उग आया था वर्षों की आदत से।

नदी भी लम्बे अर्से से
भागकर पकड़ी गयी ट्रेन की खिड़की से
अमुक और अमुक स्टेशनों के बीच
एक और स्टेशन बन
ठहर गयी थी !

रुका पड़ा था
इस सारी बेजान और परेशान रफ्तार के बीच
वह सब कुछ
जो दरअसल

कभी रुका नहीं था,
और उस शाम
अचानक जब
आँखों ने देखना शुरू किया
तो खुली छत से
वह सारा आकाश दिखा
जो कई मौसम से पुकार रहा था मुझे
और आकाश में चलता वह
सारा श्वेत/श्याम और
सतरंगी विस्तार
मेरी अब तक की उपेक्षा के बावजूद
बड़ी आत्मीय मुस्कुराहट के साथ बोल रहा था—
ठहरो भाई,
जरा हमें भी रखो
साथ अपने !

सच मानिए,
ये कोई प्रगल्भ सपनों की वाचाल दुनिया नहीं थी।
ऐसा तो अक्सर होता होगा
जब पहले आप खोलते हैं
अपनी आँखों की तनी हुई रस्सियाँ
और अचानक फिर मिल जाती है आपको
खुली-खुली छत।

सच बोलिए,
कभी आपके साथ नहीं हुआ ऐसा।

रोशनी का संविधान

हम उत्सवधर्मा नागरिक हैं—
बेचते हैं स्वप्न
और उनके सहारे
आँकते हैं अक्स
कि सारी दिशाएँ चहकती हैं,
हर कोई उत्साह से भरपूर है
और कहीं कोई भी अब
वंचित नहीं है रोशनी से !
हर कहीं मेला लगा है
और मदारी
भीड़ को बातों से बाँधे
कर रहा ऐलान
भर लो झोलियाँ तुम रोशनी से।
मूर्ख हो तुम
जो तुम्हें यह रोशनी दिखती नहीं
अरे यह तो यहाँ है,
ठीक से देखो जरा
दीखेगी तुमको भी।
और देखो
वहाँ तो वह दीखती है दूर से
उस किले के शीर्ष पर
वह सुनहरी रोशनी।

जा कर देखो
छू कर देखो
कैसी सिक्के-सी खरी है
खनकती वह रोशनी।

सच भई,
हम मानते हैं
दूर से जो दीखती है
वह नहीं है और कुछ
बस रोशनी है।
भूलना मत
जब भी हों कुछ प्रश्न मन में
खोलना संविधान उत्सव का—
क्योंकि हम हैं नागरिक
इस देश के।
हम उत्सवधर्मा नागरिक हैं।

जंगल की तारीख

जब भी जंगल में
बेखौफ घूमते हैं भेड़िए
आसमान रोता है अँधेरे में
जमीन अपनी जगह छोड़ने लगती है
और सारी वनस्पतियाँ काँपने लगती हैं।
क्यों नहीं दहाड़ता जंगल का राजा
क्यों अक्सर वह माँद के अन्दर छिपा-सा प्रतीत होता है ?
भेड़ियों की साजिश में
क्यों लोमड़ और गिद्ध लार टपकाते नजर आते हैं
क्यों भयाक्रान्त मृगशावक भूल जाते हैं अपनी कुलाचें
और क्यों आदमी
अवाक् निर्जीव-सा
कैलेंडर पर नई शताब्दी की तारीख को
अगोरता रहता है ?
मानो कैलेंडर का पन्ना
कोई अलादीन का चिराग हो—
इतिहास की सारी लाशों में फिर से
भर देगा जीवन
रोते बच्चों के क्रन्दन को फिर से
बदल देगा किलकारियों में।

दरअसल, दरकते दरख्तों से छोड़े जाते
शान्ति कपोत
कमजोर परिन्दे हैं
क्योंकि जंगल में फैलते अन्याय को
नहीं रोक सकते वे
जिन्हें सिर्फ शेर की खाल मिली है।

अतीत से आगे

कभी-कभी जिन्दगी
पुरानी दिल्ली की गलियों-सी
बेतरतीब व्यवस्था में साँस लेने लगती है,
लाल किला इतिहास-सा
स्थिर आँखों से देखता रहता है चुपचाप
और जामा मस्जिद में सिजदे में झुके जेहन में
अलग-अलग मुश्किलें और ख्वाहिशें
मँडराती रहती हैं
कटी पतंगों-सी।

चाहे कितनी भी तंग गलियाँ हों
कितने ही सँकरे दरीबाँ
मटमैले कटरों में धड़कते दिलों के रास्ते
घूम-घूम
नहीं जाना चाहते मकबरों की ओर।

लाल किले की ओर पीठ किए
चलते जाने से/कभी तो कोई रास्ता निकलेगा
जो जर्जर इतिहास के
खौफनाक बुर्जों से दूर
कहीं कोई छोटी-सी जमीं
अपने पैरों तले टिका
कोई नन्हा-सा आकाश
अपनी हथेलियों में समा
नए लफ्जों में लिखेगा
एक नन्हीं नज्म की सुगबुगाती सतरें !

हादसे से गुजरकर

और जब पहाड़ टूटा तो वह
सँभल भी न पाया—
दूर-दूर तक फैल गई उसकी चीत्कार
बल्कि उसे चीखने तक का मौका शायद ही मिला हो
अस्तित्वहीन गुम हो गया वह
भयावह सचाइयों की घाटियों में
तूफानी हवाओं के कफन के नीचे,
वह स्तब्ध था, चुप से ज्यादा कुछ और।

फिर मैंने देखा अपने पहाड़ को
और खुले आसमान में हाथ उठा
ईश्वर की ओर देख
सिजदे में झुक गया—
कि मैं चट्टानों से टकराता
फिर-फिर खोजता रहा रास्ता।
और अब भी हैं मेरे पास शब्द
बचे हुए
मैं मौन हूँ, पर चुप नहीं।

कभी सुनोगे मेरे शब्द
कभी सुनोगे मेरे गीत इन्हीं घाटियों में
और पहाड़ों के रास्तों में
फिर से वह मेरे हमकदम हो जाएगा।

आकाश झुकेगा

या तो यह आकाश बहुत बड़ा है
या उसके पंख बहुत छोटे,
बादलों की सफेद महफिल में उठते हैं ठहाके
और वह रोने लगता है
चारों दिशाओं में
पर उसके गीले पंख
झुकते हैं माँ से आशीर्वाद लेने
और एक संकल्प की फड़फड़ाहट
फिर उसे ले जाती है—हवाओं को चीरते—
सपनों की सुनहली दिशाओं में
और
इस यात्रा का एकमात्र
मूक, अवाक् दर्शक
मैं
संशय से भरा हूँ
कि आखिर
आकाश झुकेगा या वह !

समय सीमान्त

कोई बच्चा रोता है अक्सर
कि क्यों उसे डर लगता है
और वह क्यों चलते-चलते रास्ता पहचान नहीं पाता,
सब कुछ है उसके पास
पकी-पकायी बोली
और खरे-खरे शब्द
पर वह कुछ भी दर्ज नहीं करता
शिकायत के नाम पर,
सिर्फ जार-जार रोता है।

सारे रास्ते उसके खेले हुए हैं
और सारे बिखरे खिलौनों की चाभियाँ उसकी जेब में हैं
पर न जाने कौन-सी चिहुँक उठी
और मचलते-मचलते
वह सुबकते चेहरे को आँसुओं से भिंगोने लगा है।

ये पेड़-पौधे
मछलियाँ और नदियाँ
सभी अवाक्-से देखते जा रहे हैं
कि कब यह बच्चा फिर से
क्रीड़ामग्न हो छलाँगें लगाए
और उन्हें अपनी लहरियाँ वापस मिलें
पर वह बच्चा

अब रोता है
अक्सर
कि क्यों उसे डर लगता है
कि क्यों उसे रास्ते पहचाने-से नहीं लगते
कि क्यों वह अब अपने सामने फैले संसार को
अजनबी आँखों से देखता है
कि
क्यों वह दूर तक चलकर
एक गुमनाम जंगल के
पहले दरख़्त तक आ पहुँचा है।

भयाक्रान्त

किसी काल्पनिक भूत के भय से
बेतहाशा दौड़ते जाना—
ये कैसी बदहवासी है, दोस्त !
खुद की निरर्थक थकान तो क्षणिक भी हो सकती है,
पर
चुकी हुई निष्ठा और
टूटे हुए आत्मविश्वास का
कैसा समीकरण बनाओगे ?

किसी स्वप्न-दृश्य की चकाचौंध से
बार-बार पुलकित होते जाना—
ये कैसी निद्रा है दोस्त !
किसी झटके से नींद तो टूट भी सकती है
पर
अँधेरे के आलस्य और
रोशनी की अनभ्यस्त स्वप्निल आँखों से
कैसा दृश्य विधान बनाओगे ?

दोस्त,
इतिहास की किताब में स्पन्दन नहीं होता,
हर तरह के विकृत शब्दों के लिए
उसके पन्ने खुलते जाते हैं,
पर इतिहास के
अपने काल-खंड की स्याही का रंग
तुम्हें ही तय करना है।

कौन सी परिभाषा ?

शहर के चोंचलों
और गाँव के ढकोसलों के बीच
एक रास्ता मुड़ता है
दुविधा भरे पाँव लिए
उस कस्बे की ओर
जहाँ क्रिकेट के बुखार
और 'सपन टॉकीज' की फिल्मी मार-धाड़ के साथ
चर्चा है रब्बी की फसल काटने की।
और स्कूल, बाजार, बी.डी.ओ. और दरोगा से लेकर
चुनाव और अखबार की हवा के बीच
बड़ा होता
एक बच्चा
दुविधा की चादर पर
कभी शहर के चोंचले ओढ़ लेता है
कभी गाँव के ढकोसले।

आस्था-अनास्था का यह चक्र
उसे अपरिभाषित रखता है सारी उम्र
कस्बे की तरह।

अपनी सरहद में

ऐसा क्यों होता है
कि तुम्हारी आवाज
बोलते-बोलते
अचानक
चुप हो जाती है
फिर तुम बोलने लगते हो
अन्दर-ही-अन्दर
और तुम्हारी भाषा
गालियों का शब्दकोश हो जाती है।

यह लड़ाई कभी खत्म होती नहीं दीखती
तुम्हें पैंतरे आते नहीं
इसलिए जीतोगे नहीं
तुम्हें लड़ाई आती है
इसलिए हारोगे नहीं।

ऐसा क्यों होता है
कि तुम्हारी लड़ाई
लहू-लुहान होते
अचानक—
रुक जाती है मोर्चे पर
फिर तुम लड़ने लगते हो

अन्दर-ही-अन्दर
और तुम्हारे हथियार
काटने लगते हैं तुम्हें ही।

ऐसा क्यों होता है !

युधिष्ठिर-यात्रा पर वह

उसे पता नहीं था
        कि वह जो सफेद कपड़ों वाली मुस्कुराहट है
            उस पर उसे मुस्कुराना नहीं था
क्योंकि
        फिर कभी उस मुस्कुराहट के जवाब में चुप्पी पर
        भौंकने लगेगा/वह सफेद कपड़ा।

उसे पता नहीं था
        कि स्वतन्त्रता के अर्थ
        संविधान में जो उसने पढ़े थे
        उन्हें पढ़कर भूल जाना था
क्योंकि
        बेगुनाह अमलतास और गुलमोहर की चीत्कार को
        किसी नये खेल से बहलाने
        मजमा लगाएँगे/ वे मदारी शब्द।

उसे पता नहीं था
        कि सिर्फ अपने रास्ते पर चलते जाने से
        रास्ते के दोनों ओर
        कई-कई दुश्मन खड़े हो जाएँगे
क्योंकि
        निहत्था वह जब देखेगा अपने पीछे
        तो दोस्ती को छोड़
        सारे गलीज भाव उगलेंगे/वे दोस्त चेहरे।

उसे पता नहीं था
कि अपनी ना-वजूदियत के अहसास में
ज्यों ही उसका हाथ
विरोध की मुद्रा अख्तियार करना चाहेगा
उसकी रीढ़ में
एक कीड़ा छोड़ दिया जाएगा
उसे घुन की तरह चाट जाने को
और वह
अचानक
एक खत्म होती जाति का
बूढ़ा और अकेला आदमी हो जाएगा।

अशोक के नाम

अशोक की तरह
हिंसा के भयंकर परिणाम देखना
एक कलिंग युद्ध का आमन्त्रण है।

क्यों अशोक की शान्ति के पूर्व
हर बार
युद्ध ही हो !

अपने मन के जखीरे में छिपे
न्यूट्रॉन बमों को पहचानो दोस्त,
वरना कभी ऐसा होगा
कि
अशोक
शान्ति-बोध के पूर्व ही
युद्ध की भेंट हो जाएगा।

दरअसल

दरअसल
हमारा अस्तित्व
सिर्फ प्रतिक्रिया होकर रह गया है।
कहानी की घटनाओं से सहानुभूति, जुगुप्सा या प्रेम
नाटकों के चरित्रों से एक प्रति-संवाद
या कविता के बिम्बों से एक अनुभूति।
प्रतिक्रिया देकर चुप हो जाना
बस
यही हमारी आवाज है।
और तो और
अब दस्यु सम्राट के करिश्मों
और
राजनेता के कारनामों—
किसी नए पुल का उद्घाटन
और उस पर एक और लड़की का बलात्कार—
सब पर
बस
सरसरी तौर पर एक अखबारी प्रतिक्रिया होती है।
सच दोस्त,
मेरी संज्ञाएँ
प्रतिध्वनियों का खंडहर बनकर रह गई हैं
और
मेरे देश की पालिकाएँ

फाइलों का एक ढेर होकर रह गई हैं—
दरअसल
मेरे कवि का उद्वेलन भी
अब
चेतन न होकर
प्रतिक्रिया-भर होकर रह गया है।

अनास्था

मैंने जाने-अनजाने
किताबी बातों पर
यकीन करना शुरू कर दिया था,
मापदंडों का बासीपन
मेरे व्यक्तित्व को
अपने साँचे में ढाले जा रहा था।
पर,
मनी-ऑर्डर की पूरी प्रक्रिया से गुजरते हुए
मैंने बचपन से बुढ़ापे तक की दूरी
अनायास नाप ली
और अब मैं
ढूँढ़ रहा हूँ
अपनी यादों की लाइब्रेरी में—
एक बेदाग हाशियों वाली
अनमोल किताब को।

समय और सितार

उसके हाथों में पड़ा
न जाने क्या है वह—
            सितार
            कलम
            कुदाल
            मशीनगन
            कुर्सी का हत्था
            या सिर्फ एक ठूँठ बेकार-सा।
गलत होते जाते रास्तों में
ऊर्जा की फिजूलखर्ची से उपजा
नपुंसक आक्रोश
उसके चेहरे की वक्र रेखाओं को
            और बिखेर देता है।
इस भोंडे चित्र को सँवारने में
उसकी आकृति
            और विद्रूप होती जाती है।
सिर्फ दृश्य ही विरूप नहीं
श्रव्य भी कर्कश हैं—
सब कुछ देखकर सिर्फ चीखती हैं उसकी आवाजें
            कोई कोमल राग नहीं अलापतीं
            कोई मीठा सुर नहीं लगातीं।
उसकी कविताओं में
            कसी हुई मुट्ठियाँ हैं

भिंची हुई मुद्राएँ हैं
इतिहास के मुर्दा पन्नों पर
वह विघटन की भाषा लिखता जा रहा है।
सामाजिकता का झंडा उठाए
उसकी मांसपेशियों की
अपनी धमनियाँ
कामचोर होती जा रही हैं।
समय की सड़क पर चलते/ उसके पाँवों के नीचे
शैवाल का एक आदिम जंगल उग आया है।
ठूँठ से सितार बनाते-बनाते
सितार को ठूँठ बना डाला है उसने।

हिन्दुस्तानी अंग्रेजो, भारत छोड़ो !

ऐ भाई, सुनो
हम मूरख-गँवार
बोरा छाप स्कूल में पढ़े
एक हिन्दुस्तानी छोकरे हैं—
एकदम देहाती भुच्च (तुम्हारी नजर में) !
        हमारी बहन के स्कूल में
        चूड़ी पहनने
        और हिन्दी बोलने के अपराध में
        बेंत लगाने को 'कॉन्वेन्टी सिस्टर' नहीं है।
हमारे बाबूजी
'रोटेरियन' या 'लायन' नहीं हैं
बाकी कुछ भी हैं पेशे से
पर, गाँव-घर और देश-दुनिया की सेवा की
तुरही नहीं फूँकते।
हमारी माँ
चैत से फागुन तक
भोर में रामायण गाती है
सुबह से रात तक
घर-द्वार के काम-काज में
हाड़ थकाती है
और अपने बात-व्यवहार से
सहज ही संस्कार जगाती है।
अब तुम कहोगे कि

इस मिट्टी में अंग्रेजी खाद डालो
और पूरब को पच्छिम में डुबा लो
तो भैया, मैं बेलाग कहे देता हूँ
(चाहे भला लगे चाहे बुरा)
कि निकाल दो अपने खूसट माँ-बाप को घर से
भेज दो 'ओल्ड हाउस' में
अब बिगड़ते काहे हो,
ऐसी बात नहीं कि हमको कोई भाषा से बैर-भाव है
और हमको तरक्की पसन्द नहीं,
अरे, उदारता तो हमारे खून ही में समायी हुई है
पर, तुम्हारी तरह हमने अपना दिमाग बंधक नहीं रखा है।
बहुत अंतर्राष्ट्रीय-अंतर्राष्ट्रीय रटते हो
और 'खिचड़ी कल्ट' की ठेकेदारी करते हो
तो तुम ही कहो कि
जर्मनी, रूस, जापान, चीन या फ्रांस में
साहित्य न है कि विज्ञान न है या कि तकनीक नहीं है।
और सुनोगे तो सुनो/हमारी यह कविता ऐलान करती है डंके की चोट
कि तुम इस हिन्दुस्तानी मिट्टी में/ अंग्रेजी कीड़ा हो, पिल्लू हो
पिल्लू बूझते हो कि नहीं ? (अमेरिकन स्लैंग तो खूब बूझते हो !)
तो बूझ लो कि
पाँच ठो पिल्लू मिलकर
पंचानबे आदमी को
ढेर दिन तक नहीं चूस सकते हो—
(ऊपर से रस्टिक, कॉकरोच, इडियट बकते हो)
कोई दिन मिजाज बमकेगा
तो मसल देंगे तुम सबको।

अहंकार

शूर्पणखा की नाक कटनी ही थी,
यह तो महज संयोग था
कि उसकी नाक लक्ष्मण के हाथ में आ गई,
फिर रावण
राम से न लड़ता तो क्या करता
उसकी प्रजा उस पर थू-थू न करती।
जिसके अशोक वन से लौटी सीता
अग्नि परीक्षा में खरी उतरी
उस विप्र को क्या पता नहीं था
कि
शूर्पणखा सिर्फ सुन्दर है/
वैसे, इस नकटी में बेमानी गरूर है।
उसने तो खैर मनायी कि
इस नकटी जवान बहन की/सिर्फ नाक ही कटी,
वरना उसकी नाक कट जाती।
मरते-मरते नीतोपदेशक रावण ने लक्ष्मण से इसीलिए कहा—
"हे तात ! अहंकार की नाक का वही होता है
जो शूर्पणखा का हुआ
और अहंकार के दशानन का वही होता है
जो मेरा हुआ।
सोने की लंका बाहरी राम के हाथों
यों ही राख नहीं होती।"

अन्धे हाथ

हमारी घनिष्ठता
एक षड्यन्त्र की तरह
अफवाहों के बगूलों को जन्म देने लगी।

अफवाहों की विश्वसनीयता भी
सन्देह की जमीन से जुटी होती है,
पर सचाई अफवाह नहीं होती—
अन्धी घनिष्ठता/कुटिल रक्त कोशिकाएँ—
कल हमें पैबन्द लगे चेहरे नजर नहीं आते थे
आज हम अपने-अपने कमरों में बैठ
रणनीति के ब्लू-प्रिंट पर पड़ी
एक-दूसरे की लाशों पर मुस्कुरा रहे हैं।

खुले मैदानों के जंग
बड़े ईमानदार होते थे।

दुर्गन्ध की भाषा

बस्तियों के बसने से पहले
घरों की दीवारों में
दरारें पड़ने लगीं,
ईंटों के ढूह पर बिखरे
मेरे हर टुकड़े की आँखों में चमकते बिम्ब
लाश बन गए।
बस्तियों की वीरानी...
मलबों के ढेर...
दुर्गन्ध की भाषा...
हमारे शब्दकोश कभी नहीं बदले।

...यद्यपि

बदबूदार गलियों की सड़ाँध में
आखिर कब तक
ऑक्सीजन की तलाश जारी रखूँगा—
मेरी साँसों की थकान
आसान नहीं, यद्यपि।

कटे हाथों के ठूँठ से
मिट्टी कुरेदता हूँ
कि शायद उर्वरता पा सकूँ
और
उग आयी नई उँगलियों से
पल-पल बढ़ती मौत की
गरदन दबा सकूँ—
बंजर टकरावों से
खून का रिसना
रुका नहीं, यद्यपि।

अपाहिज हूँ,
पर बचे अंगों का खून
सफेद नहीं होने दूँगा—
जिन्दा रहने की शर्तें
सुसाध्य नहीं, यद्यपि।

कैद इषण्या

मेरा मन जब-जब
उद्वेलित हुआ है भागने को–
खिड़कियों की सलाखें मजबूत साबित हुई हैं,
मेरी स्पृहा
मुझे ही झुलसाती रही है–
झुलसे हुए पर
अँधेरी दीवारें और
कमरे की नीची छतें
आकाश की निस्सीम उँचाइयों को अकल्पनीय बनाती रही हैं,
टकराहटों को बढ़ाती रही हैं।
परिधि के बाहर ठाठें मारता
एक विस्तीर्ण सागर
मेरे हाथों की पहुँच के बाहर
और
अतृप्त अधखुला (या अधमुँदा ?) गवाक्ष
शीतल समीर को भी आने नहीं देता मेरे समीप–
और उदन्यु मैं
अपनी नियति को
सहज स्वीकार भी नहीं पाता–
घोंघों की 'एनॉटमी' भी ठीक से समझ नहीं पाता।

नपुंसक तटस्थता

मेरे लिए कुछ भी दुर्गम न था
पर
फ्रिज से निकालकर पिलायी गई घुट्टी ने
मेरे खून के साथ
बड़ा ही ठंडा मजाक किया था।
मुझे सदा सुगम सीढ़ियाँ ही रास आयीं—
जाने-अनजाने
चट्टानों की नुकीली सचाइयों से बचते-बचते
मेरे पाँव
हरे शैवाल की फिसलन को
चूमते चले गए।
और
मेरी आवाज भी/ अब
अन्धी घाटियों में
बैसाखियों के सहारे
लड़खड़ा रही है।

भीड़ का आदमी

भीड़
भूखो है/ नंगी है/ बेघर है
खानाबदोशी के आलम में
उसके पाँव थोड़े और भटकते हैं
उसकी अंतड़ियाँ थोड़ी और ऐंठती हैं
उसके चीकट बदबूदार कपड़े लाज को थोड़ा और बेपर्दा करते हैं।

कॉफी हाउस में/
खूबसूरत-कलात्मक प्यालों से उठते
नेस्कैफे फ्लेवर को नथुनों में भरते हुए/
हाथ में दबी रीजेन्ट किंग की राख को
ऐश ट्रे में अन्दाज से झाड़ते हुए/
दोस्तों से गरमागरम/चुस्कियों के बीच/बहस करते हुए
बौद्धिकता उड़ेलते हुए/
प्रजातन्त्र की सार्थकता पर प्रश्नचिह्न लगाते हुए/
जब-तब आँखों में चमक आए आभिजात्य को
गम्भीरता से चेहरे पर फैलाते हुए/
भीड़ का आदमी/
मध्यमवर्गीय मानसिकता का आदमी/
नवधनाढ्य होता आदमी/
सुविधाभोगी यथास्थितिवाद का खून चखता आदमी/
पूँजीवादी प्रक्रिया में शामिल होता आदमी
अपना/भीड़पना/बेच खाता है—

फिर भीड़ का कोई परिचित चूहा
कोई नारा कुतरता हुआ
जब कभी गुजरता है
तो उसका म्याऊँपना ही चूहे पर हावी हो जाता है।
भीड़ पहले से ज्यादा
भूखी है/ नंगी है/ बेघर है--
फिर कोई उसका अपना आदमी (!)
अलग जाकर/ ऊपर जाकर
म्याऊँ-म्याऊँ कर डरा रहा है।
भीड़ फिर किसी नये नारे के पीछे
इन्कलाब ला रही है--
इन्कलाब जिन्दाबाद।
चूहे का भी/
बिल्ली का भी/
कुत्ते का भी/
आदमी का भी/
सबका नारा---
इन्कलाब जिन्दाबाद।

इतिहास बनाने के क्रम में

मैं नहीं जानता
इतिहास कहाँ समेटेगा मुझे
भूगोल कहाँ बाँधेगा मुझे
मैं इनके विस्तार नहीं जानता
पर जानता हूँ इनकी सरहदें
समय और समय से परे के शब्द
गूँजते हैं मुझमें
और खुद मेरे शब्द मुझ तक आते हुए
कोहरों के किलों से
असंख्य प्रतिध्वनियाँ लिए आते हैं।

हर रात नयी शहादतों से
दुनिया का नक्शा रद्द कर
पुनः खींचता हूँ नये द्वीप,
कँटीली बाड़ के बगैर
मैं अपनी चौहद्दियाँ हर रोज तय कर लेता हूँ
सुबह के पहले कदम के साथ,
और फिर इतिहास
मेरे कन्धों पर पंख फड़फड़ाने लगता है
प्रलय की पृष्ठभूमि में सूरज
फिर धीरे-धीरे मेरी आँखों में फैलने लगता है
और बूढ़ा हिमालय
अपने अनुभव की घाटियों में
फिर से रद्द कर देता है सब कुछ।

समझौता-एक अंतहीन कविता

समझौतापरस्ती को नकारते-नकारते
हमने समझौतों को इतना महत्व दे दिया
कि
छोटे समझौतेवादियों से समझौता कर
धुर समझौतेवादियों को शिकस्त देने का
समझौता किया—
अपनी निष्ठा से, अपने दर्शन से, अपनी इयत्ता से।

अब हमारे लोटे की पेंदी भी अस्तित्व बनाए रखने की
कोशिश में
लुढ़क-लुढ़क कर
समझौते पर
एक स्थिरता की
पॉलिश लगाने की कोशिश में है।

नेपथ्य से लेकर
मंच तक समझौतों का लम्बा इतिहास
ठहाके पर ठहाके लगाए जा रहा है।

मोहभंग

दोस्त,
उन्हें छोड़ दो
दंड संहिता की धाराओं में
वे कहीं कातिल नहीं ठहरते,
उनका क्या दोष,
उन्होंने तो विश्वासों को किसी मिट्टी-पानी से सींचा नहीं,
सिर्फ थोड़ी खरीद-फरोख्त की—सदा की तरह।
रक्तहीन क्रान्ति यों ही होती है,
रूहों का कत्ल कोई खून नहीं बहाता,
सिर्फ कातिलों की नयी रक्तबीजो जमात पैदा करता है।

जमकर, कहीं खून सफेद हो जाता है
जमकर, कहीं खून काला हो जाता है
इतिहास गवाह है,
बहता है, सिर्फ सुर्ख लाल खून
ईसा का, सुकरात का, मीरा का।

सड़कर, कभी खून लोभी हो जाता है
सड़कर, कभी खून डाही हो जाता है
और जब भी किसी बूढ़े का खून कुछ बहता है, कुछ कहता है
उसे सड़ा हुआ करार कर
डायलिसिस पर चढ़ा दिया जाता है।

तो दोस्तो, देखते जाओ
दाँतों तले उँगलियाँ मत दबाओ,
रक्तहीन क्रान्ति यों ही होती है,
रूहों का कत्ल कोई खून नहीं बहाता,
सिर्फ कातिलों की नयी रक्तबीजी जमात पैदा करता है।

बदलाव ?

हर रोज
एक नयी क्रान्ति का मौसम
सुबह अखबारों के रास्ते आता है
और रात तक रंग बदलकर
रेडियो में गुम हो जाता है।
हवा में उछाले गए नारे/
सड़क पर निकाले गए जुलूस
अब किसी दरवाजे पर दस्तक नहीं देते
खुली खिड़कियाँ पटापट बन्द नहीं होतीं
बन्द खिड़कियाँ खटाखट खुलती नहीं।
सभी निर्भीक हैं, हमारी प्रधानमन्त्री खुश हैं।

कोई बम का पलीता सुलगा रहा है/
कोई खलिहान में रखी ताजा फसल सुलगा रहा है/
हमारा वार्ड सर्वेन्ट वार्ड में बैठा बीड़ी सुलगा रहा है/
जगलाल की दुकान पर चन्द लोग
सिगरेट सुलगाकर,
चाय की चुस्कियाँ ले रहे हैं
और आती-जाती खूबसूरत चीजों से
अपनी आँखें सेंक रहे हैं—
दिल्ली में महिलाओं का एक जुलूस निकला है—
कोई कम दहेजवाली कंचन चोपड़ा मर गयी है
मध्य भारत के आसपास स्काइलैब गिरने वाला है,

कहीं बात मनोवैज्ञानिक है
कहीं बात वैज्ञानिक है।
समस्याओं से जसलोक में पड़ा
कोई मरीज
थोड़ा और आहत हो लेता है।
कोई हनुमान दिल्ली का अखाड़ा छोड़
बाहर आकर अपना लंगोट कस रहा है
बैंगलोर में कोई बेटेवाली औरत पटखनी खा रही है।
किसी मस्जिद से कुरान की आयतों के बदले
हवा में गोलियाँ छोड़ी जाती हैं,
किसी हिन्दपीढ़ी के मौलवी साहब की
शुभ्र सफेद दाढ़ी
धमाके के साथ राख हो जाती है।
कहीं '78 बैच '79 में नामांकन करा रहा है,
कहीं हर साल-छः महीने पर नये बैच का शिक्षा मन्त्री
वक्तव्यों से शिक्षा में आमूल परिवर्तन ला रहा है।
हर पल किसी सत्तर एम.एम. स्टीरियोफोनिक फिल्म की तरह
दृश्य बदल रहा है,
आवाजें बदल रही हैं—
बेचारे माओ, गाँधी, मार्क्स, फ्रायड और डारविन
किताबों में बन्द पड़े हैं।
हाँ, एक शाश्वत सचाई बरकरार है—
शब्दों का उगलना बदस्तूर जारी है।

बीमार फसल

किसी फिल्मी अकड़ में झूमते
पेड़ की
जड़ से फुनगी तक
लाल विषैली चींटियों का रेंगना
रोजमर्रे की सामान्यता है;
कभी पुरवा चलती है
कभी पछिया बहती है,
लम्बे अकड़े पेड़ों के बीच की
नन्हीं, कोमल, उदास क्यारियाँ
बेचारगी उपजाती रही हैं।

वायुमण्डल में बिखरे
खौफनाक चौखटों के बीच
जिन्दा रहने की लगातार कोशिशें
मासूम मुस्कान के चेहरे पर
तनी हुई रेखाओं के जाल के
एक अंतहीन गँदलाते सिलसिले को जन्माती रही हैं।

श्मशानी भोजों में
ईदी अमीनी गिद्धों की पाँत
खून के जाम उठा
मौत के साथ
कहकहे लगाती रही है।

हाय,
यह आदम की जात
अपनी मिट्टी में
कैसी-कैसी बीमार फसलें उगाती रही है !

गुमशुदा

दोस्तो,
मेरे घर एक जवान बच्चे ने जन्म लिया था,
वह आधी अंग्रेजी-आधी हिन्दी बोलता था,
उसकी जाति के कोड नम्बर के पहले
उसका नाम जोड़ दिया गया था।
वारदात के दिन उसने
केसरिया कमीज एवं हरी पैंट पहनी थीं,
वैसे कभी-कभी वह
जरूरत पड़ने पर,
गोल चक्र वाले सफेद बेल्ट का भी इस्तेमाल करता था।
उसके बारे में कुछ और भी जानकारियाँ हैं—
रेडिमेड विदेशी कपड़े देखते ही
अपने तमाम कपड़ों के बावजूद
उसे नग्नता बोध होने लगता था।
वैसे वह था बहुत सीधा-सादा—
मंच के लाउडस्पीकरों की बातों को
ब्रह्मवाक्य समझ बैठता था वह।
अभी-अभी याद आया
न तो वह जुलूस के रास्ते तय करता था
न ही वह जुलूस पर ढेले फेंकता था,
पर झूठ कैसे कहूँ—
उसे ऐसे तमाशे देखने का
बचपन से ही शौक था।

खैर छोड़िये,
यदि आप उसे कहीं देखें
तो चुपके-से बता दीजिएगा—
सरकार घोषणा कर चुकी है
कि वह मर चुका है।

आत्महंता-1

मेरे दोस्त को चटखारे लेने की आदत है
वह तरह-तरह की खबरें बुनता है—

खुसर-पुसर इश्क का रहस्योद्‌घाटन करती
दोस्ती के प्याज के छिलके उतारती
नारी सौन्दर्य को अश्लीलता तक उघाड़ती
और संजीदा मौत को सनसनीखेज बनाती
जब कभी
चटखारों से जुगुप्सा होती है
मेरे दोस्त का मेरे हाथों
एक बार और
थोड़ा कत्ल होता है।

न जाने,
कब यह खुदकुशी पूरी होगी।

आत्महंता-2

झूमने और लड़खड़ाने के बीच का फासला
हमेशा
एक ठोकर में तय होता रहा है।
गुलमोहर तले के वसंती मौसम से भी
पात-पात झड़ता है—
शाखों का बदगुमान।
जनता की कुर्सियाँ
बेजान होती हैं—
बदशक्ल होना बदनाम होने के साथ जुड़ा है
या अन्योन्याश्रय भी
पर यह तय है
कि झूमने और लड़खड़ाने के बीच
नशे का एक रावणी भभका होता है।
मौसम, जनता, दर्शक, श्रोता,
समय की गिरफ्त—
सब अन्यपुरुष हैं
पर अपनी संज्ञाओं की प्रताड़ना
मैं है
स्व है/ विगत है/ आगत है/ अनागत है
कालपुरुष है।

आत्म-संवाद का व्याकरण

मेरी स्वतःस्फूर्त भाषा का शैशव,
उच्छ्‌वासों के अर्द्ध-विरामों के बीच
टुकड़ा-टुकड़ा शब्दों का बिखराव
तुम्हें निरर्थक प्रलाप लगा होगा,
क्योंकि
तुम्हें पूर्णविराम की सीधी दीवार तक पहुँचने की
सदा जल्दी रही।
पर जब,
नींद की गोलियाँ
बेअसर होने लगेंगी,
तुम्हारे रटे-रटाये सूत्र-वाक्यों के पूर्ण विराम
तुम्हारे ही अनुत्तरित प्रश्नों के सामने
बौने पड़ जाएँगे—
मुझे सहज प्रवाह बोलते देख।

तुमने
आत्म-संवाद का व्याकरण
कभी नहीं समझा।

बिना शीर्षक

मैं कविताएँ किसी के नाम नहीं लिखता
मेरी हर कविता
संबोधन विहीन है दोस्त !
चाहो तो अपना नाम ढूँढ़ लो
और यदि सुनो कुछ
तो मुझे भी बता दो
कौन संबोधन सुना तुमने—
मैं एक कविता
तुम्हारे नाम लिखना चाहता हूँ।

हताशा-1

अब प्रतिकार करना भी मुश्किल हो गया है
क्योंकि प्रतिकार अब अस्वाभाविक है
और बलात्कार
रोजमर्रे की स्वाभाविक घटना
लोग भी अब प्रतिकार करने वाले को ही
सन्देह की नजर से देखते हैं।
ईमान के किस्से
छठे-छमाही
कोष्ठक में घिरे विशिष्ट समाचार की हैसियत रखते हैं
और पूरा-का-पूरा अखबार
हम सबके नाम
एक चार्ज-शीट होता है।
पर हम बेफिक्र हैं
हम जानते हैं
मुकदमा नहीं चलेगा
और चलेगा तो खारिज हो जाएगा।

हताशा-2

पिछले दिनों
रुक गई बहती नदी
गर्जना समुद्र की अन्दर ही गूँजती रही
आकाश में दरार हो गई
सूख गई कई कविताओं की स्याही
और मन के पन्ने एक-एक कर बिखरते गए।

कोई हाथ काट ले
कोई आँख फोड़ दे
पर ऐसा कोई न करे
कि बार-बार तोड़े विश्वास
क्योंकि
अब बिखरकर पुनः पुनः सँभलना—
लगता है कोई निहत्था
बड़े-बड़े न्यूक्लियर रिएक्टर से जूझने
छोड़ दिया गया हो
यदि वह न भी जूझे तो भी
रेडियोधर्मिता तो चुभी जाती है
और
धीरे-धीरे सारी कोशिकाएँ
कैंसर ग्रन्थियों में बदलती जा रही हैं।
हे ईश्वर,
कुछ तो सामान्य रहने दो
कुछ तो !

मौन से संवाद

सुन रहा कुछ शोर अन्दर
मौन।
अलस सोया
कभी खोया
जागता है, चौंकता है
देखता है
खोजता है
नीड़ का एकान्त दुर्लभ—
कल की हलचल,
लोग
और
जाने कहाँ के अक्स जो
मिटते-उभरते
बन्द दरवाजों के भीतर
भित्तियों पर
सीखचों पर
धुँधलके के वृत्त और कोणों के अन्दर
यक-ब-यक
फिर चटख रंगों में उभरता
धूल के आकाश में
वह अपना चीन्हा-चीन्हा-सा
कौन !

बतकही कर
तोड़ खुद को
बतकही कर, मौन !

दादी की मौत से ठिठकी कविता

यों तो उसकी मौत
कई सदियों पहले हुई
पर कोई एक सूत्र
आज भी जिन्दा है
जो बहुत गहरे समा गया है इस आकाश में

हर मौत खत्म करती है एक जिन्दगी
उस जिन्दगी के सपने और संघर्ष
हर पल दूर होती जाती है ध्वनि
निःशब्द कोलाहल के कोहरे के पार
और
सारे अक्स मिटने लगते हैं
बहुत पुराने फोटोग्राफ के पीलेपन में

पर वह पूरा का पूरा अस्तित्व
कभी विलीन नहीं होता शायद
क्योंकि
कोई शाम
जब मैं अकेला होता हूँ,
तो सारी दुनिया के जिन्दा होने के बावजूद
क्यों खोजता हूँ वह सूत्र
इस आकाश में।

माँ

और यदि मैं शहर से दूर भी चला जाऊँ
तो ले जाऊँगा
अपना आकाश अपने साथ
खिसकते क्षितिज के पार
रहस्य रहेगा फिर भी
और सामने उगे पेड़ की
सूखी नंगी टहनी के हाथ
फिर से डरा देंगे मुझे बचपन तक
उस घने जंगल में
जहाँ मैं शहर को छोड़ने जाऊँगा

इन तमाम दुश्चिन्ताओं की गठरी लिए
मैं अपनी माँ की गोद से
दिल्ली तक भटकता रहा
पर कहीं नहीं मिला कोई आकाश
जहाँ आग न सुलगती हो
रुका कई पड़ावों पर
अपनी गठरी खोल
एक-एक दहकती घास को
रंगों और फूलों पर बिछा देने को
पर
कहीं नहीं मिली वो गोद माँ की
आकाश से बहुत बड़ी, बहुत बड़ी।

वयस

—और शाखें बढ़ती गईं

वह नन्हा-सा पौधा
आसमान के किसी स्नेहिल टुकड़े के नीचे
जमीन पर अपना नाम
गहरा करता जा रहा था

और पत्ते घने होते गए

पर बगल का अनुभवी बरगद
मुस्कुरा रहा था
इन घने होते पत्तों और
बढ़ती शाखों पर।

और एक दिन/बरगद की बूढ़ी धुँधलायी आँखों ने देखा
कि उस पौधे को झुर्रियाँ पड़ने लगी हैं।

आख़िरी कविता के पहले

कभी-कभी लगता है
कि जिन्दगी पर मैंने
कोई कविता नहीं लिखी
गोया अब तक
कोई सही कविता नहीं लिखी
कल रातवाली कोमल कविता
खारिज हो गई आज
कल
सपनों में सो नहीं सका
और
आज तो सो ही नहीं सका,
ये उबाल-ये गुस्सा
फेंक दूँ तो बने शायद कोई स्थिर कविता
पर मुस्कुराहट की कौन-सी लहर आएगी
अपने पीछे उदासी छिपाए
और
अगला ही शब्द फिर गलत हो जाएगा
और कहीं ये दोनों लहरें तिरोहित हो गईं
किसी रूखे यथार्थ की जमीन पर तो !
करेगा कोई यकीन
कि मैंने यह कविता भी लिखी कभी।
पर दोस्त
एक बात कहे देता हूँ

बल्कि सौंपता हूँ/तुम्हारे जिम्मे एक काम—
जब मैं मर जाऊँ
हाँ, सीधी-सी बात है
जब मैं मर जाऊँ
तो काट देना सारे शीर्षक मेरी कविताओं के
और एक साँस में पढ़ जाना
वह सारा प्रलाप
जो मैंने शब्दों में किया !

रोशनी के नाम एक नज्म

रात एक शै है
जिसमें खामोश तारीकियों के तले
लौ-सी जलती है इक
मद्धिम-मद्धिम।
आग जज्बातों की
रह-रहकर सुलग जाती है—
ये पटाखे, ये अनार, ये रोशनी की सतरें
मेरी इस नज्म के
अशआर हैं
कुछ कहते हैं
गुफ्तगू करते ये दीयों के हजूम
मेरी हर बात बड़े गौर से
सुनते हुए-से लगते हैं—
आओ,
ऐ दोस्त,
ऐ हमनफस,
ऐ हमदर्द,
जिन्दगी की इस तीरगी में
आज फिर से रोशन कर लें
एक प्यारा-सा चिराग
दिल में जिसके हो
जज्बों की
बड़ी पाक
ईमान की आग।

उत्सव-यात्रा

सारे घरों के दरवाजे/चहचहाने लगे
और/फुदकते-उड़ते परिन्दों के कुनबे
अनायास
गलियों और रास्तों में निकल पड़े।

सारे खूबसूरत रंग/ लोगों में बदल गए
और/ औचक-से घूमते चेहरों पर
चमकने लगे
कहीं गहरी नीली रेशमी साड़ी
पंडाल के सामने रुक
पल-भर को आँख मूँद हाथ जोड़ने लगी
कहीं गुलाबी फ्रॉक
गुब्बारों के लिए मचल उठी।

खिसियायी अधेड़ आवाजें
और/मनचली जवान आँखें
एक-दूसरे के वजूद को नकारती
बस भीड़ होती गईं।

एक और मूर्ति
बस एक और सजा द्वार—
कदम थकना नहीं चाह रहे
पर

कहीं तो रुकना था—
अपने अकेले कमरे की
खुली आँखोंवाली खिड़की पर लौट
यह उत्सव यात्रा
एक साथ
सुन्दर/भोली/रोमानी और उम्रदराज हो
उस पुराने पेड़ को देख मचल उठी
"ओ बाबा, कि शुन्दर गाछ !"

समन्दर

ओ समन्दर
जब से देखा है तुम्हें
तुम बार-बार खयालों में आते हो
तुम्हारी उत्ताल लहरें
मेरी उदासी की चट्टान को बार-बार
भिगो देती हैं
मेरा कोलाहल
तुम्हारी गूँज में घुल गया है
और मेरा सारा खारापन
पी गए तुम।

पर मेरे दोस्त तुम इतने विशाल हो
कि तुम्हारी बाँहों में खो जाने का
भय होता है।
दूरी से
तुम्हारा सम्मोहन खींच लेता है मुझे
तुम्हारे पास
और पास
तुम्हारे किनारों से आगे मैं बढ़ नहीं पाता।

ऐसे में कैसे निभेगी
ये दोस्ती
सिर्फ खयालों की !

अजनबी रास्तों में

अजनबी रास्तों में
साँस घुली जाती है
न जाने कौन साँस ठौर तक पहुँच जाए
कभी तो दिन के दिन उड़े जाएँ
कभी तो पल रुके, खामोश, सिर पर हाथ दिए
न रोशनी के द्वीप,
न चाँदनी की चादरें अपनी
कहाँ टिकें और कहाँ बाँह बिछा सो जाएँ
बड़े-बड़े ये प्रश्न हर कदम के साथ बढ़ें
कहाँ झुकें और कहाँ सिर छिपा के खो जाएँ
वो हसीन शाम
वो चेहरा
वो थिरकता साया
वही-वही मेरे साथ चले आते हैं
मैं बहुत दूर कहीं हूँ मगर हूँ पास कहीं
वो कहीं पास-बहुत पास खिलखिलाते हैं
ये फासले सिमट-सिमट कर चले आते हैं
मेरे सीने में—आगोश में छिप जाने को।
कांधे पे सिर रखे
ये खयालात मेरे साथ बढ़े जाते हैं—
अजनबी रास्तों में
साँस घुली जाती है
एक और साँस साथ लिए—
अजनबी रास्तों में—
खुशबू भरी।

प्रेरणा

दोपहर की नींद से/ उठी हुई खुमारी-सी
रात के तनहा अँधेरों में/जागी हुई सदाओं-सी
किसी शायर के लहू-सी बहती
सुर्ख खामोशी
मेरे इस जेहन में टँकी है कहीं गहरे बहुत
इसे तुम छू के हर रोज हिला देते हो
बोलने लगती हैं
ये खुमारी
ये सदाएँ
ये खामोशी

एक किताब तेरे नाम लिखी नज्मों की
हाथ में देख मेरे मत चौंको
ये तुम्हारी है/ तुम्हारी हैं/ तुम्हीं ने लिखी
मुझे बस पढ़ के सुनाने का तुम्हें शौक भर है
दुनिया मुझे शायर क्यों कहा करती है ?

मौसम के बहाने

बहुत सर्द मौसम गुजरते-उतरते
बहुत बर्फ पेड़ों पर जमते-पिघलते
बहुत पल उदासी में रुकते-फिसलते
अचानक लगा
धूप-सी खिल गई है
लम्बी खामोशी से इन रास्तों पर
मेरी गुफ्तगू को जबाँ मिल गई है।

दहकने लगे गुलमोहर रास्तों में
चहकने लगे हर शजर पर परिन्दे
ये मंजर ये आलम
ये हर चाल में खम
खनकने लगे हम हवाई इशारों पर
ये गुनगुन ये सरगम
अलस साज तारों पर!

ये मौसम अभी कुछ निखरना था बाकी
ये सुर-ताल-नगमा सँवरना था बाकी
कि कल रात
अंधड़ कहर ढाते आया—
ये बिजली ये गर्जन
ये बेखौफ तूफाँ का बेशर्म नर्तन
हरेक फूल पर बेरहम खंजरों से

हरेक पल कतल पर कतल करते आया—
लहू के निशाँ हैं हरेक रास्ते पर
मासूम पत्तों की लाशें बिछी हैं
सफेदी की चादर
है सूरज भी चुप-चुप
मेरे दोस्त, मौसम हैं आगे अभी भी
पर अब सर्द मौसम को कैसे सहेंगे
बरफ रास्तों पर अब कैसे चलेंगे
कि ऐसे बुझे हैं
बरफ हो गए हम
कि खुलकर तराने सुनाने के पहले
सिसकते-सिसकते जुबाँ खो गए हम।

इन्तजार

रास्ते
झुक-झुक कर
उचक-उचक कर
क्षितिज तक
अपनी आँखें फैलाए थे
हवाएँ
शोरगुल की भीड़-भाड़ से निकलतीं
हर आहट पर रुकतीं
घूम-घूम आती थीं
हाँ/नहीं
हाँ/नहीं
हाँ-हाँ
वही तो
नहीं तो
एक दिल
जोरों से धड़क-धड़क
कभी खिल रहा था
कभी बुझ रहा था
ऐसे में/मेरे साथ एक दरख्त
अपने खुरदुरे ओठों के पास
किसी लता के स्पर्श की कल्पना में
सिहर रहा था

सूरज
    टिक्-ट्रिक टिक्-टिक्
    डूब रहा था
चाँद चुपके से आ
    सान्त्वना देने लगा
पर निर्मोही तुम—
कुछ समझो तब तो !

सुब्रतो-1

हमने
जीने की खातिर
कुछ फूल चुने वीरानों में
और अचानक
सारा गुलशन
बदल गया वीरानों में।

सुब्रतो-2

धुएँ के
जंगलों में
भटकते सूरज ने
अपना एक और
चमकता चेहरा
अचानक
अंधे रास्तों में
गुम होते देखा,
और अब
मेरी बिन-सूरज यात्रा के
सहमे शब्द
एक प्रगल्भ विराम
के कन्धों पर
सर टिका
अपने चेहरे की तलाश में
जड़ हो गए हैं।

* सुब्रतो की असामयिक मौत पर

सुब्रतोनुमा कन्धे पर एक उदास कविता

आज मैं बहुत उदास हूँ
बहुत गहरे तक उदासी बींध गई है
चाहकर भी मुस्कुरा नहीं सकता
मेरे दोस्त,
तुम्हारी मौत पर लगा था कि
कोई अदृश्य शक्ति है
जिसने बड़ी क्रूरता से सबकुछ कर डाला
पर उस उदासी में भी
इतनी चुप बेचैनी नहीं थी
क्योंकि तुम मेरे नहीं थे,
तुम कहीं नहीं थे।
पर आज की उदासी में
मैं टूट गया हूँ
क्योंकि
अपनी उदासी का कारण मैं खुद हूँ
क्योंकि मैं मेरा हूँ
मैं हूँ और उदास हूँ।

नए साल की आमद पर

1.
गो
हम सभी
किसी समुद्र के झाग के खारेपन में
अपने ओठों के
जीवन-रस को चूमकर
उल्लास से दावा करते हैं
वाह, कितना कुछ है इस शराब में—
जो तारीखों को बदलकर
एक बार फिर ताजा झाग लिए
हमें आकर्षित कर रही है।

2.
दोस्त मेरे
इस भयानक ठंड में
बार-बार खुद को जगाता हूँ
पर कहीं कुछ ऐसा काठ मार गया है
कि अलाव जला-जला कर
थक गया हूँ।
और वह सोया है
बिलकुल बेजान-सा।
मैं
हाथों में राख लिए
पूरे मौसम
अंगारों की गर्माहट तलाशता रह जाऊँगा।

सहयात्रा

यदि मुझे पहचानना चाहते हो
तो मुझे ख्वाबों में पकड़ो—
पहचान न पाओगे
क्योंकि उन ख्वाबों में
मैं खुद को नहीं पहचान पाता—
कितनी तेज यात्राएँ होती हैं
और कितने अलौकिक गंतव्य
बस,
मैं
एक उड़ती हुई हवा की परछाईं
एक खिलती हुई घाटी का रंग
एक निर्द्वंद्व चिड़िया की चोंच का तिनका होता हूँ
उन घाटियों में मेरे घोंसले का रंग
कतई भूरा नहीं
उस घोंसले में मेरे चेहरे की रेखाएँ
कतई ठहरी हुई नहीं—
तो मुझे जानना चाहते हो तो
मेरे ख्वाबों के साथ उड़ान भर लो
मेरे पंखों में अपना आकाश फैला दो
और मेरे साथ एक लम्बी यात्रा पर निकल चलो।

चुप क्यों हो,
दरअसल,
जब कोई अपने आकाश की चर्चा करता हो
इसी तन्मयता से
तो मैं भी चुप हो जाता हूँ।

ख्वाब डूबते हुए

एक दिन
अपने सारे ख्वाबों को समेट तुम
समंदर में डुबो आओगे।
तुमने किस दिन कुछ नया नहीं गढ़ा ?
तलाशते रहे ज्वार-भाटों में
अपनी सीपियों के अक्स
पर फिर जब
अपने ख्वाबों के समंदर में भटक जाओगे
तो तुम
अपने सारे ख्वाबों को
समंदर में डुबो आओगे।

घटनाएँ अब दुर्घटनाएँ होती हैं
और तुम
सिर्फ खरोंचों के शिकार नहीं
जब भी चलोगे अपने ख्वाबों की सड़कों पर
जख्मों को लिए आओगे
तो तुम एक दिन
अपने सारे ख्वाबों को
समंदर में डुबो आओगे।

दरख्त और वह छोटी चिड़िया

हर तनहा मौसम में
एक दरख्त उग आता है मेरे साथ
और करीब आ
अपनी बाँहें फैला
फुसफुसाता है
"आ, मेरे दोस्त,
मैं तुम्हारे काँटों को पहचानता हूँ
उनसे प्यार करता हूँ,
चिढ़ता नहीं।"
उस दरख्त की आँखों में
एक पूरा हरा-भरा जंगल होता है
उसकी बाँहों में
एक भीगा-भीगा समुद्र—
बस फिर
ठिठक जाता है मौसम
और मैं धीरे-धीरे
अपनी तनहाई उतार
उस दरख्त के सिजदे में
सर झुका
रोने लगता हूँ
मेरे काँटे बदल जाते हैं
छोटे फूलों की क्यारियों में
और मैं

उस दरख़्त की उँगली थाम
आसमान में उड़ती
छोटी चिड़िया को देख
मचल उठता हूँ !

सपने

सपने बुनते-बुनते
उलझ गया सब कुछ।
पल में
यह सच लगता
पल में
बस सपना
सपनों के जंगल में
अपना एक सपना
दीवानी सड़कों पर
भटक गया सब कुछ।
क्यों ना इन राहों को
ऐसे भटकावों को
मोड़ दें अचानक
सपनों की खातिर ही
कोमल सारे पल को
छोड़ दें अचानक
सपने गर सच हैं तो
होंगे ये अपने
वरना हम बेबस हैं
सपने हैं सपने !

दिन तो गुजरेंगे ही

अगर तुम्हारे पास
एक पूरा दिन है–
कुछ भी करने को–
तो तुम बहुत कुछ कर सकते हो
    दोस्तों के खतों का जवाब दे सकते हो
    या बक्से में से निकाल
    पुराने खतों को पढ़कर
    हँस सकते हो
    मुस्कुरा सकते हो
    उदास हो सकते हो
तो तुम बहुत कुछ कर सकते हो
    अपने कमरे की अव्यवस्था में
    तब्दीली ला सकते हो
    अपनी प्रेमिका के जन्मदिन के लिए
    कोई कोमल कविता लिख सकते हो
    अपनी अधूरी कहानी
    पूरी कर सकते हो
    अपनी पूरी जिन्दगी के
    सपने बुन सकते हो।
पर अगर तुम्हारे पास
एक पूरा दिन है
कुछ भी करने को–
तो बहुत सम्भावना है कि

तुम कुछ भी कर सकते हो
मसलन—
चाय की दुकान पर
सिनेमा हॉल में
और
मेन रोड की भीड़ में
उस पूरे दिन की
एक अबोध हत्या कर सकते हो।

मुश्किलें

कई बार बड़ी अजीब मुश्किलें होती हैं
कविता की पकड़ से बाहर की मुश्किलें
ऐसे में
आप कोई कविता लिखकर भी
कुछ नहीं कर पाते
बस
आप होते हैं
और/मुश्किल होती है।
जूझने का कोई कारण नहीं होने पर भी
आप जूझते हैं मुश्किलों से
और थक-हार कर सो जाते हैं
बुरे सपनों को देखने के लिए
यानी/आप भाग भी नहीं सकते कहीं।

मैं हरसिंगार

दिन के सारे तिलस्मी मकान
दरवाजे, खिड़कियाँ
ड्राइंगरूम की दीवारें और परदे
रात होते ही भरभराने लगते हैं
और
सर्द आकाश तले
एक आँगन फैल जाता है—
बस, निश्शब्द हरसिंगार चूते हैं।
और
मेरा अणु-अणु
ओस बन
हरसिंगार की आँखों से बह निकलता है।

लोग डरते हैं

लोग क्यों डरते हैं फूलों से
जबकि उन्हें सुगन्ध चाहिए।
एक अजीब-सी विरक्ति है यह—
कि
सुगन्ध की तलाश में आदमी
फूलों से कतराता चले—
हरियाली के आमन्त्रण को
उपेक्षा के पैरों से
किनारे करते हुए
बंजर जमीनों में
नमी खोजता चले—
मेरे दोस्त की कविता में
युद्ध होते हैं
पर फूलों की खुशनुमा घाटियों के लिए नहीं
चट्टानों के
लहू-लुहान पथरीलेपन के लिए।
सूखी सरहदों को फतह करने के बाद
वहाँ
बगीचे उपजाने के लिए
आदमी
अपने सारे स्पंदनों को
खाद बनाता चले—
यह कैसी बेतुकी बुनियाद है सपनों की

जिसमें कुछ भी स्वप्निल नहीं
सारा कुछ तल्ख है—
कल्पना भी
संघर्ष भी
मन भी
जीवन भी।
सच—
लोग क्यों डरते हैं फूलों से
जबकि वे जानते हैं
कि वे जिसके लिए
भटक रहे हैं
वह सुगन्ध है।

बार बार यायावर

बड़ा कोलाहल है—
        किसी ने कहा
मैं
भीड़ से भागा—बेतहाशा
और हाँ-फ-ती साँसों को समेट
अपने में बन्द हो गया।...
बड़ा एकान्त है—
        फिर टोका किसी ने
मैं खुद से भाग
बहता—हवाओं के साथ
यायावर हो गया
        भीगता रहा चंचल झरनों में
        चलता रहा हौले-हौले नर्म दूब पर
        हँसते फूलों से हाथ बढ़ा दोस्ती चाही
        उड़ते बादलों को देखता रहा प्रेमी आँखों से।
बड़ी वीरानी है—
        फिर बोला कोई
मैं
फिर से
शहर की ओर भाग चला
और तभी

कोलाहल का दैत्य
एकान्त का भूत
नीरवता का शव
तीनों
अट्टहास कर उठे—
मैं
डर गया
ठिठक गया।

        और दोस्त
        तब से अब तक
न मैं शहर का हो पाया हूँ
न खुद का
न राहों का।

वसन्त पहली बार

एक फूल हुआ करता था
गुलाब का
जो कभी इतना खिला न था,
वसन्त
कभी ऐसा न था।
दरअसल,
वसन्त और वसन्त का फर्क तो
हर पल होता था
पर कभी रू-ब-रू
वसन्त को छुआ न था
वसन्त
कभी ऐसा न था।

दावानल

आग की ऊँची-ऊँची लपटें
और एक जलते हुए जंगल के ठूँठों में
फिर से लपलपाती आग,
इस सिलसिले में
छिटपुट बारिश से कुछ नहीं होता
आग बुझती नहीं
बस बुझ गए सारे पेड़-पौधे-पत्ते और फूल
झुलस गई कोयल भी
हू-हू कर काट खाने को दौड़ता है सारा वक्त।

या तो यह आग खत्म हो जाए
या यह उम्र
झुलसे जवान चेहरे की आँखों में
कब तक कोई सपना ठहर पाएगा !

विश्वास

विश्वास !
बड़ा खोखला शब्द है।
मैं कोई नयी बात नहीं कर रहा हूँ
पर बन्दूक से झुकते कन्धों
और
गोलियों से छिदती छाती के
एक पूरे चक्र ने
इस खोखलेपन को घेरकर
इसे आकार दिया है—मुझे महसूसने को।
पर हद है,
मन अभी भी विश्वास करने को होता है,
काश/शायद/लेकिन/ खैर—
ये सारे निरर्थक शब्द
मेरी किताब में जहाँ-तहाँ बिखरकर
स्थापित होते अविश्वास को
तोड़ने की कोशिश में रहे हैं—
और कमजोर क्षणों में फूट पड़ी यह कविता
सफलता के किन क्षणों में
मुझे बेमानी लगने लगेगी—
विश्वास नहीं !

तुम्हारे नाम

मेरी उदास कविताओं की डायरी में
एक शीर्षक और जुड़ गया तुम्हारे नाम।
तुम्हारे नाम/इस कविता में
कुछ भी नहीं
कोई ऐसी संज्ञा नहीं
जो तुम्हारे करीब हो
न ही कोई संबोधन,
पर पूरी कविता लिखने के बाद
जब शीर्षक सोचने लगा
तो कहीं चुभ गया
कविता में तुम्हारा न होना
और कवि से विद्रोह कर
मेरा मन
शीर्षक तुम्हारे नाम कर गया।
दरअसल,
तुम्हारे बिना कोई लमहा मेरी जिन्दगी में
शामिल हो ही नहीं सकता
और बिना तुम्हारे
कोई कविता मेरी डायरी में।

दोस्तों के नाम

दोस्त मेरे,
जिन्दगी
दोस्ती और दुश्मनी का कोई फर्क नहीं करती
हर लमहा
मुझसे दुश्मनी नहीं कर सकता,
मैं हर लमहे से दोस्ती नहीं कर सकता।
अखबारों की सुर्खियों से
मैं सामाजिक, राष्ट्रीय, अन्तर्राष्ट्रीय और
युगद्रष्टा तक हो लेता हूँ,
आर्थिक चिन्तन मेरी जेब से शुरू होकर
अर्थ व्यवस्था में उलझकर गुम हो जाता है—
मैं व्यक्ति होता ही कब हूँ,
जो अपने दोस्त और दुश्मन पालूँ ?
और जब व्यक्ति होता हूँ
तो लोग कहते हैं—
"तुम दीवानगी कर बैठते हो।"
बताओ न,
रिश्तों में भी हिसाब-किताब
गुणा-भाग शुरू कर दूँ !
दोस्त मेरे,
यदि, रणनीति या कूटनीति ही जिन्दगी होती
तो तमाम लमहे मेरे दुश्मन न हो जाते।
या, सिर्फ स्पंदनों की कोमल भाषा से ही

जिन्दगी जी जाती
तो मेरी जिन्दगी इतनी दोस्ती कहाँ सँभालती !

सच दोस्त,
जिन्दगी
दोस्ती और दुश्मनी का कोई फर्क नहीं करती,
हर लमहा
मुझसे दुश्मनी नहीं कर सकता
मैं हर लमहे से
दोस्ती नहीं कर सकता।

तीन अक्स

1.

गूँज-गूँज कर
निश्शब्द शून्य
छितर-छितर जाता है।
समय-असमय आलोड़ित
समुद्री मन
किस-किस अतल को मथ आता है।
गूँज-गूँज कर
निश्शब्द शून्य
छितर-छितर जाता है।

2.

सुबह की ताजगी
दोपहर की धूल भरी छोटी-छोटी आँधियाँ
शाम की चहल-पहल
और रात के तनहा सन्नाटे से
एक ग्राफ खिंचता जा रहा है—
मन
अब सिर्फ/हवाओं के रुख के साथ उड़ता है।

3.

किसी के आँसू
मुझे पिघला गए—
दिन भर धूप में तपता मन
सारी रात भीगता रहा।

सहमी हवाएँ

तुम्हारे नाम लिखे वे तमाम गीत
मैंने कहीं गहरे दफना दिए थे,
पर देखो न !
कल रात की बारिश ने
ऐसा कहर ढाया है
कि कब्र पर उग आयी
दूबों की गुनगुनाहट
हवाओं की नमी में हौले-हौले
घुलने लगी है,
और ये सर्द हरारत भरी हवाएँ
मेरी साँसों को कँपाने लगी हैं।
विश्वास करोगे तुम ?—
कल
एक लम्बे अर्से बाद
मेरे अन्दर कहीं कुछ स्पंदित हुआ—
कुछ भूला-सा
कुछ याद करता-सा।
पर दोस्त,
मुझे डर लगता है
तुम्हारे वातानुकूलक से होकर
ये नम हवाएँ
तुम तक पहुँच पाएँगी ?

संज्ञाशून्य यायावर

मेरे तपते माथे पर
तुम्हारी शीतल-स्निग्ध हथेली का स्पर्श
पल भर के लिए
मुझे आन्दोलित कर गया,
फिर–
मेरी सम्पूर्ण संज्ञा-सम्पूर्ण चेतना
त्वचा के उस लघु वृत्त में सिमटकर रह गई।
पर
अपनी जादुई उँगलियों के क्षणिक स्पर्श से
तुमने
बाकी उम्र को संज्ञाशून्यता की सजा देकर
अच्छा नहीं किया–
मेरा यायावर
अब जिन्दगी भर
अँधेरों के खंडहरों में
अपना सिर फोड़ता भटकता रहेगा।

रंग बोध

क्यारी में लोक धुन
गाती, निकौनी करती
तन्वंगी कृषक बालाओं का
गेहुँआता रंग।

बचपन की सखियों से
प्रियतम की बातें करती
दोशीजा के कपोलों का
शरमाता रंग।

कोयल की कुहुक पर
गदरायी बगियों की
इतराती फुनगियों का
बौराता रंग।

घूँघट के चेहरे की
शरमायी, सकुचायी,
कोमल हथेली पर
हल्दी की पीतिमा
रचाता रंग।

साकी के प्याले में
उमर खैयामी आँखों-सा

अंगूरी गुच्छों का
मदमाता रंग।

मुर्गे की बाँग पर
अलसायी, आँखें मलती
ललछौहीं सुबह का
उजलाता रंग।

ऊमस-उपालम्भ पर
घबड़ाए मौसम के
छिटपुट मँडराते
भूरे चेहरों का
गहराता रंग।

सघन उपत्यकाओं में
विस्तृत हरीतिमा को
हुलसित हो वर्षा में
नहलाता रंग।

तितली के पंखों की
नैसर्गिक गैलरी में
तूलिकाओं की सहज बारीकियाँ
दर्शाता रंग।

एकांगी रंग बोध
छाया ना हो जब तक
कभी नहीं आँखों का
जहराता रंग।

पीपल को सादर !

पीपल का एक तरु
निर्लिप्त
समाधिस्थ
अपनी जड़ों की ओर शाखें झुकाए
मानो आँखें झुकाए
खड़ा था
गो काफी बड़ा था।
पर, चहकती गौरैया की शिशुवत् फुदकन को
दुलराता
हवाओं की बतकही पर
चिकनी पीताभ हरी कोपलों से
मुस्काता,
मौसमी शरारत से
त्वचा कवच
सिहराता
झुलसाता
नहलाता
पीपल का एक विशाल तरु
निर्लिप्त
समाधिस्थ।

कौए ने बींट की
कठफोड़वा ने काट खाया
पथिक ने छाँह ली
फुलचुही ने घोंसला बनाया
भूत ने नाच किया
कुत्ते ने मूत दिया
विषधर ने वमन किया
भक्त ने जल़ चढ़ाया।
पीपल
दुलराता रहा
मुस्काता रहा
अपनी शाखें फैलाता रहा,
पीपल का वह विशाल तरु
निर्लिप्त
समाधिस्थ
ध्यानमग्न
शान्तचित्त
शाखें झुकाए
मानो धरती की ओर आँखें झुकाए
अब भी खड़ा था,
बहरहाल, पहले से काफी बड़ा था।

यों ही कुछ

बेशुमार अनदेखे अचीन्हे अक्सों से
दोस्ती करता मैं
अपनी उँगलियों से खींची गई
अमूर्त रेखाओं को
कहीं जोड़ता रहा
कहीं तोड़ता रहा

तमाम शाम
मैं रेतीली लहरों में
बूँदों के कोणों को ढूँढ़ता रहा।

खामोश रातों की तवालत में
अहसासों के अग्निवाणों से बिंधा मैं
छोटे-छोटे सूत्रों को
कालमुक्त करता रहा,
कुछ बुनता रहा
कुछ गुनता रहा

तमाम रात
मैं हौले-हौले बिखरी
कविता की भाषा को सुनता रहा।

पीला गुलाब

तुमने पीला गुलाब देखा है ?
कभी मुझसे मिलो,
मेरी डायरी के पन्ने
जो गुलाब के नाम थे
पीले पड़ गए हैं।

संज्ञातीत

कुछ अहसास संज्ञातीत होते हैं
जिनका जीना
किसी प्रेमगीत की कोमल स्थूलता के परे होता है—
न कोई शब्द,
न कोई स्वर
सिर्फ
एक अनाम अदृश्य
मूक सम्बन्ध
सिर्फ
एक आश्वस्त भाव
एक आस्था।

जिन्दगी के नाटक में
कुछ दृश्य फ्रिज हो जाते हैं—
सब कुछ आँखों से
पोर-पोर में समाहित करने के लिए।

एक पुल थरथराता हुआ

लम्बे अर्से से एक सवाल लिए
मैं
घड़ी की टिक्-टिक् के साथ बढ़ा जा रहा हूँ—
आशंका का गणित दुरुस्त करने में
हृदय की कोशिकाएँ
पथराती जा रही हैं
या फिर
दिमाग में रक्त का प्रवाह
अतिरिक्त सावधान हो गया है,
अब/दीवानगी नहीं होती
मासूम तमन्नाओं की नदी
रुकते-रुकते
आड़े-तिरछे पत्थरों को झेलते-झेलते
छोटे-छोटे चट्टानी नाले बन
बह निकलती है।
देखो न,
मेरी कविताएँ भी सोच के धरातल पर भटकती हैं,
मीता/प्रिया/अनामिका
ये सारे सम्बोधन
स्पंदनहीन हो गए हैं—
कुछ-कुछ अश्लील मुहावरों-से।

दोस्त मेरे,
इस बेबसी के रहस्यमय स्पेक्ट्रम में
किसी भी धरातल (आयाम) पर
यदि तुम मेरे समानान्तर हो
तो बताओ
कभी ह्रस्व होते
कभी दीर्घ होते
मेरे शब्दों की नियति
क्या तल्ख पूर्वानुभूतियों को
ढोते जाने के
अनवरत सिलसिले में ही है ?

उदासी-1

मेरे उदास रहने से
तुम्हें क्या !
मैं तो यों ही
बेवजह
बेसबब
उदास होता हूँ
ढलती धूप की बैसाखियों पर
रात की वीरानियों को
ढोता हूँ,
एक दर्द का मैदान गढ़ता हूँ
तुम्हारी चाहतों से
और खामोशियों के नश्तरों पर
सोता हूँ।
पर क्या हुआ अब तक
        बताओ तुम।
फकत
एक राग
        जो रातों को अक्सर
        गूँजता है घाटियों में
फकत
एक आँख
        जो बुनती है सपने
        पर अधूरे

जरा सोचो
कि मैंने
क्यों बुने इतने अँधेरे
तुम्हारी बस्तियों के फासलों से।

अगर सच है तुम्हारी बात
तो सच है ये भी
कि
ये वीराने
ये नश्तर
मेरे अपने बनाए हैं
तुम्हारा शुक्रिया
कि
मेरे आबनूसी चाँद पर
चन्द सफेद साए हैं।

मैं हरगिज
चाहता नहीं
बाँटना
अपनी उदासी को
मेरे उदास रहने से तुम्हें क्या !
मैं तो यों ही
बेवजह/बेसबब
उदास रहता हूँ।

उदासी-2

मीता,
क्या तुम्हें भी कभी
रुलाई की हद तक गहरी उदासी ने घेरा है ?
क्या तुम्हारी अपनी रातों की खामोशी में भी
यादों की परछाइयों के बादल
अनसोयी पलकों के आकाश तले
चुपचाप उमड़-उमड़ कर बरसे हैं ?
सच मीता,
कभी-कभी लगता है
कि तुम
मेरे जीवन्त लमहों की
छोटी-सी किताब का ऐसा पन्ना हो
(जिसको बार-बार बन्द करने की कोशिश की है, पर)
जो अनायास खुल जाता है !
तुम्हीं कहते थे कि
न्यूटन का तीसरा नियम
(थोड़े भिन्न रूप में)
सम्बन्धों की गति का इकलौता नियम है—
प्रकृति के अणु-अणु की क्रिया-प्रतिक्रिया
अन्योन्याश्रय है, समान है, किन्तु विपरीत नहीं।
फिर मीता,
यह संवादहीनता

इकतरफा क्यों—
यह अपवाद, यह भूचाल
क्यों सिर्फ मेरी खामोशियों को ही
खण्डहर कर जाता है !

थमना कविता का

कविताओं का आवेग
अब थम गया है
जिन्दगी का गद्य बढ़ता जा रहा है,
अनुभवों के अनुच्छेद जुटते जा रहे हैं।
पर न ही कहानी का एक घटनाक्रम
न उपन्यास का एक पूरा सिलसिला
न नाटक के सार्थक संवाद,
सब कुछ टुकड़ों में है—
बिखरा शिल्प,
अधूरे संवाद,
टूटते घटनाचक्र।

यों भी आवेग को थमना था,
कविता को रुकना था,
पर किसी मौसमी सोते के समान सूखकर नहीं
प्रेम से अध्यात्म तक की
हिम से समुद्र तक की
नदी-यात्रा से होकर गुजरना था।

बता सकते हो,
यह कविता का रुकना
और जिन्दगी के गद्य का यों बढ़ते जाना—
यह सब कैसे हुआ ?
ये अध्याय ऐसे जटिल क्यों होते गए ?
जबकि मैंने तो
किसी शोध ग्रन्थ की नियति
कभी नहीं चाही थी।

जरूरतें

धीरे-धीरे
टूटने लगते हैं सपने
और बढ़ती जाती हैं जरूरतें।

जरूरतें
जो बचपन के खेलों से ज्यादा
खिलौनों को पाने और जमा करने की हैं।

जरूरत
कहावत में होगी
दो जून खाने की
यहाँ तो खाना
जाम टकराने के घंटों बाद
थोड़ा पानी या सोडा मिलाने की तरह
जुगाली करते खाए-पिए-अघाए लोगों का
एक दस्तूर है
पेट के साथ।

जरूरतें बदलती हैं
मौसम के साथ—पौधों में खाद और पानी की तरह
और जरूरतों के साथ बदल जाता है नाम
बूढ़े की लाठी का
पुलिस के डंडे में।